Cuidemos el ambiente con Sesame Street

¡Vamos a reducir, reutilizar y reciclar, Oscar!

Mary Lindeen

ediciones Lerner ◆ Mineápolis

Cooperar y compartir son una parte importante de *Sesame Street*, y del cuidado de nuestro planeta. Todos compartimos la Tierra, entonces depende de nosotros cuidarla juntos. Los libros *Cuidemos el ambiente con Sesame Street*® cubren todo, desde apreciar la belleza de la Tierra hasta conservar sus recursos, ayudar a mantenerla limpia y más. Y los conocidos amigos peludos de *Sesame Street* ofrecen a los pequeños lectores algunas formas sencillas de proteger el planeta.

Saludos,

Los editores de Sesame Workshop

El texto de este libro se imprime en papel compuesto en un 30 % de papel fabricado a partir de fibras recicladas después del consumo.

Contenido

Juntos en el planeta — **4**

Podemos reducir — **6**

Podemos reutilizar — **14**

Podemos reciclar — **22**

Todos los días es el Día de la Tierra — 28
Listos para reciclar — 30
Glosario — 31
Índice — 32

Juntos en el planeta

¿No tenemos suerte de vivir en la Tierra juntos, Oscar?

Podemos reducir

Podemos trabajar juntos para mantener a la Tierra limpia y saludable. Una manera de ayudar es reducir lo que usamos.

¡Cierra el grifo cuando terminas! Así usarás menos agua.

Apaga las luces cuando no las estés usando.
Así usarás menos electricidad.

La basura se apila con rapidez.
¡No desaparece así como así!

Oh no. Esa es una pila grande de basura.

Cuando usamos menos, hacemos menos basura.
Eso ayuda a mantener a la Tierra limpia.

¿Cuáles son algunas maneras de hacer menos basura? Puedes comer alimentos que no tengan envoltorios.

Podemos reutilizar

Reutilizar también ayuda a la Tierra a mantenerse saludable. Reutilizamos cuando usamos las cosas más de una vez.

¡Voy a reutilizar estas flores!

Puedes donar juguetes que ya no usas. Así pueden aprovecharlos otros niños.

Podemos usar platos lavables en lugar de platos descartables.

Mi lonchera es reutilizable. ¡La traigo a la escuela todos los días!

Podemos llevar bolsas de tela reutilizables a la tienda en lugar de las de plástico.

Una lata puede usarse para poner bolígrafos.

¡Es un lugar nuevo y adorable para esos bolígrafos!

Un recipiente viejo puede convertirse en un comedero para aves.

Podemos reciclar

Reciclar también ayuda a mantener a la Tierra limpia.

Cuando reciclamos, transformamos algo viejo en algo completamente nuevo.

¡Mira! ¡Estas sillas se hicieron con plástico reciclado!

Podemos reciclar papel, plástico, latas y más.
¿Qué puedes reciclar en tu barrio?

¿Puedes pensar en más maneras de reducir, reutilizar y reciclar? ¡Hagamos de la Tierra un mejor lugar para todos!

Todos los días es el Día de la Tierra

¡El 22 de abril es el Día de la Tierra! En el Día de la Tierra, las personas convierten basura en proyectos artísticos. Otros limpian parques y patios de juegos. Puedes reducir, reutilizar y reciclar todos los días. ¡Eso hace que todos los días sean el Día de la Tierra!

Listos para reciclar

¡Haz que sea fácil reciclar en casa!

1. Pídele a un adulto algunas cajas o cestos extras.

2. Decora las cajas.

3. Haz un cartel para cada caja. Uno podría decir "papel". Otro podría decir "plástico" o "botellas y latas". Incluso podrías hacer una caja para las cosas para donar.

4. ¡Pon los cestos en un lugar seguro y práctico así todos pueden usarlos!

Glosario

donar: darle algo a otra persona

electricidad: una forma de energía. La electricidad potencia cosas como las luces y los televisores.

lavable: algo que puede lavarse una y otra vez

quedar chico: cuando eres demasiado grande para algo

Para Benjamin, que hace que el día de hoy sea mejor y que el de mañana sea más brillante

Índice

basura, 5, 10–11, 12, 25, 28–29

electricidad, 8

lavable, 18

reciclar, 22–24, 26, 28, 30

reducir, 6, 26, 28

reutilizar, 14, 26, 28

Créditos por las fotografías

Créditos de las imágenes adicionales: vectortatu/Shutterstock.com, en todo el libro (fondo); NASA/GSFC, p. 5; Ariel Skelley/Getty Images, pp. 6, 22; Emma Gibbs/Getty Images, p. 7; Jessica Peterson/Getty Images, p. 8; Dan Brownsword/Getty Images, p. 10; Caiaimage/Trevor Adeiline/Getty Images, p. 11; cometary/Getty Images, p. 12; JAJMO/Getty Images, p. 15; Evgeniy Agarkov/Shutterstock.com, p. 16; Littlekidmoment/Shutterstock.com, p. 17; Tim Pannell/Getty Images, p. 19; Akhmad Dody Firmansyah/Shutterstock.com, p. 20; Beatrice Sirinuntananon/Getty Images, p. 21; Beth Hall/Alamy Stock Photo, p. 23; Rawpixel.com/Shutterstock.com, pp. 24, 28; Suwit Rattiwan/Shutterstock.com, p. 26; Serenethos/Shutterstock.com, p. 29; JGI/Jamie Grill/Getty Images, p. 30. Portada: vectortatu/Shutterstock.com.

Traducción al español: TM and © 2025 Sesame Workshop.
Título original: *Reduce, Reuse, and Recycle, Oscar!*
Texto: TM and © 2020 Sesame Workshop.
La traducción al español fue realizada por Zab Translation.

Todos los derechos reservados. Protegido por las leyes internacionales de derecho de autor. Se prohíbe la reproducción, el almacenamiento en sistemas de recuperación de información y la transmisión de este libro, ya sea de manera total o parcial, por cualquier medio o procedimiento, ya sea electrónico, mecánico, de fotocopiado, de grabación o de otro tipo, sin la previa autorización por escrito de Lerner Publishing Group, Inc., exceptuando la inclusión de citas breves en una reseña con reconocimiento de la fuente.

ediciones Lerner
Una división de Lerner Publishing Group, Inc.
241 First Avenue North
Mineápolis, MN 55401, EE. UU.

Si desea averiguar acerca de niveles de lectura y para obtener más información, favor consultar este título en www.lernerbooks.com.

Fuente del texto del cuerpo principal: Mikado. Fuente proporcionada por HVD.

Library of Congress Cataloging-in-Publication Data

Names: Lindeen, Mary, author.
Title: ¡Vamos a reducir, reutilizar y reciclar, Oscar! / Mary Lindeen.
Other titles: Reduce, reuse, and recycle, Oscar! Spanish
Description: Minneapolis : ediciones Lerner, 2025. | Series: Cuidemos el ambiente con Sesame Street | Includes bibliographical references. | Audience: Ages 4-8 | Audience: Grades K-1 | Summary: "Oscar the Grouch knows a lot about trash, including how to reuse it! Read along as Oscar and friends show young readers that reducing, reusing, and recycling lessens their impact on the planet. Learn how to turn trash into treasure, like making old bottle caps into artwork. We can help Earth! Now in Spanish!"– Provided by publisher.
Identifiers: LCCN 2024012899 (print) | LCCN 2024012900 (ebook) | ISBN 9798765643884 (library binding) | ISBN 9798765661239 (paperback) | ISBN 9798765651421 (epub)
Subjects: LCSH: Environmentalism—Juvenile literature. | Earth Day—Juvenile literature. | Oscar, the Grouch (Fictitious character)—Juvenile literature.
Classification: LCC GE195.5 .L56518 2025 (print) | LCC GE195.5 (ebook) | DDC 363.7–dc23/eng/20240409

LC record available at https://lccn.loc.gov/2024012899
LC ebook record available at https://lccn.loc.gov/2024012900

Fabricado en los Estados Unidos de América
1-1010972-52422-5/15/2024